Fiestas

Autores

Rosalinda B. Barrera　　**Alan N. Crawford**

HOUGHTON MIFFLIN COMPANY　　**BOSTON**

Atlanta　Dallas　Geneva, Illinois　Lawrenceville, New Jersey　Palo Alto　Toronto

Linguistic Consultant: Pedro Escamilla, Ph.D.,
Assistant Professor of Spanish,
Stephen F. Austin State University,
Nacogdoches, Texas

Design and Production: James Stockton &
Associates

Acknowledgments

For each of the selections listed below, grateful acknowledgment is made for permission to adapt and/or reprint original or copyrighted material, as follows:

"El arco iris" by Ernesto Galarza. Copyright © 1972 by Ernesto Galarza. Reprinted by permission of Mae Galarza.

"Doghouse for Sale," adapted and translated from *Doghouse for Sale,* by Donna Lugg Pape. Reprinted by permission of Garrard Publishing Company.

"Dogs," adapted from *Myself* by Julian Nava, from the original story by Rosalie García. Copyright © 1974 by Julian Nava. Reprinted by permission of Julian Nava.

"Dragon Fire," reprinted by permission of G. P. Putnam's Sons from *Happy Birthday Mole and Troll* by Tony Johnston, text copyright © 1979 by Tony Johnston, illustrations copyright © 1979 by Cyndy Szerkeres.

"Handkerchief Game," excerpt from *Play It in Spanish,* collected by Mariana Beeching de Prieto. Copyright © 1973 by the John Day Company, Inc. Reprinted by permission of Mariana Beeching de Prieto.

"Little Bear and the Rainbow," adapted and translated from *Buzzy Bear and the Rainbow* by Dorothy Marino. Copyright © 1962 by Dorothy Marino. Reprinted by permission of McIntosh and Otis, Inc.

"Llueve," adaptada del cuento original por Asunción Lissón. Propiedad literaria © 1974 por La Galera, S.A. Editorial. Reimpreso con permiso de La Galera, S.A. Editorial, Ronda del Guinardó, 38, 08025 Barcelona.

"Vete, lluvia, vete" by Ernesto Galarza. Copyright © 1972 by Ernesto Galarza. Reprinted by permission of Mae Galarza.

"¡Qué Dicha!" by A.L. Jáuregui. Propiedad literaria © 1963 por Editorial Avante, S.A. Reimpreso con permiso de Luis Quiros A.

Continued on page 199.

Contenido

Fiestas

Contenido

Cuentos

Lectura informativa

Poema

Destrezas

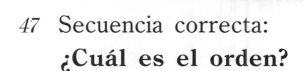
Vocabulario

¿Qué va a pasar?

Miguel, aquí está tu libro.

¿Qué va a pasar?

1. Miguel va a ir a la escuela.

2. Miguel va a ir al parque.

Hoy es el cumpleaños de Rosa.
Su mami va a hacer una comida buena.
Los amigos de Rosa van a ir a su casa.

¿Qué va a pasar?

1. Rosa va a ir a nadar.

2. Rosa va a tener una fiesta.

Muy pequeño, muy grande

Judith Davis

Pablo quiere jugar.

No puede encontrar con quien jugar.

¿Cómo le va a ayudar el señor David?

Pablo: ¿Qué estás haciendo, Carla?
¿Te puedo ayudar?

Carla: No me puedes ayudar con esto.
Eres muy pequeño.

Pablo: ¡No soy muy pequeño!
Te quiero ayudar.

Carla: Mira, Pablo.
¿Por qué no vas a ver a Toni?

Pablo: ¿Dónde está Toni?
¿Qué está haciendo?

Carla: Toni va a correr con Andrés.

Pablo: Yo te quiero ayudar, Carla.
Pero también me gusta correr.
Voy a ver a Toni.

Toni: Eres muy pequeño, Pablo.

No puedes correr con nosotros.

¿Por qué no vas a buscar a Linda?

¿Qué está haciendo Linda?

Quizás puedas jugar con Linda.

Pablo: Bueno, Toni.

Voy a buscar a Linda.

Pablo: Linda, ¿puedo jugar con ustedes?

Linda: Tú no puedes jugar con nosotros.
Eres muy pequeño.

Pablo: ¡Yo no soy muy pequeño!
Yo sí puedo jugar con ustedes.

Señor David: ¡Pablo! ¿Cómo estás?

Pablo: Hoy no es un buen día.

No puedo jugar con Linda.

No puedo correr con Toni.

No puedo ayudar a Carla.

¿Es que soy muy pequeño?

Señor David: Tú no eres muy pequeño.

Tú puedes jugar a algo.

¿Qué te gusta hacer?

17

Pablo: Señor, ¿quiere esa caja pequeña?

**Señor
David:** No quiero esta caja pequeña.
Tú te la puedes llevar.

Pablo: Gracias, señor David.
Voy a jugar con la caja.
La caja va a ser un barco.
¡No soy muy pequeño para eso!

Carla: ¡Pablo!¿Por qué estás en esa caja?

Pablo: No es una caja, Carla.
¡Éste es mi barco!

Toni: Éste es un buen barco, Pablo.
¿Puedo entrar en tu barco?

Linda: Yo también quiero entrar.

Pablo: Todos ustedes son muy grandes.
El barco es pequeño.
Tienes que ser pequeño para entrar.

**Señor
David:** ¿Cómo te gusta el barco, Pablo?

Esa caja es muy pequeña.

¿Quieres esta caja grande?

Pablo: No, gracias.

No quiero esa caja grande.

Pero estos amigos sí la quieren.

Carla y Toni y Linda la quieren.

¡Quieren un barco grande!

20

Carla: Éste es un buen barco.

¡Ahora podemos jugar con Pablo!

Preguntas de comprensión

1. ¿Cómo puede el señor David ayudar a Pablo?

2. ¿Qué cosas no puede hacer Pablo por ser muy pequeño?
   ¿Qué cosa no pueden hacer Carla, Toni y Linda por ser muy grandes?

3. ¿Piensas que ahora a Pablo le gusta ser pequeño?
   ¿Por qué sí o por qué no?

Vocabulario

día y noche   **pequeño y grande**
alto y ___

Cuando no es de **día,** es de **noche.**
Cuando algo no es **pequeño,**
es **grande.**
Cuando algo no es **alto,** ¿qué es?

¿Cómo puedes jugar?

La caja pequeña es un barco
para Pablo.

La caja grande es un barco
para sus amigos.

Haz un dibujo.

Haz que tu dibujo muestre
lo que puedes hacer con una caja.

¿Quién habla?

Esta caja roja es muy grande.

¿Qué dijo Roberto?

Blanca: ¿Qué tienes en la caja?
Roberto: Es una sorpresa.

¿Qué preguntó Blanca?
¿Qué dijo Roberto?

Blanca dijo: —¡Me gusta el robot!

¿Qué dijo Blanca?

24

Roberto preguntó: —¿Vas a jugar?

¿Qué preguntó Roberto?

—Ven a jugar —dijo Blanca.

¿Qué dijo Blanca?

25

La gallinita roja

La gallinita roja
va a hacer pan.
A ver quién va a comer el pan.

Un día la gallinita roja dijo:
—Aquí tengo trigo.
Lo voy a sembrar.

—¿Quién quiere ayudarme a sembrar el trigo? —preguntó la gallinita roja.

—Yo no —dijo el pato.

—Yo no —dijo el gato.

—Yo no —dijo el cochinito.

—Lo voy a sembrar yo misma —dijo la gallinita roja.
Y lo hizo.

El trigo creció y creció.
El trigo creció muy alto.

—¿Quién quiere ayudarme a cortar el trigo? —preguntó la gallinita roja.

—Yo no —dijo el pato.

—Yo no —dijo el gato.

—Yo no —dijo el cochinito.

—Entonces lo voy a cortar yo misma —dijo la gallinita roja.
Y lo hizo.

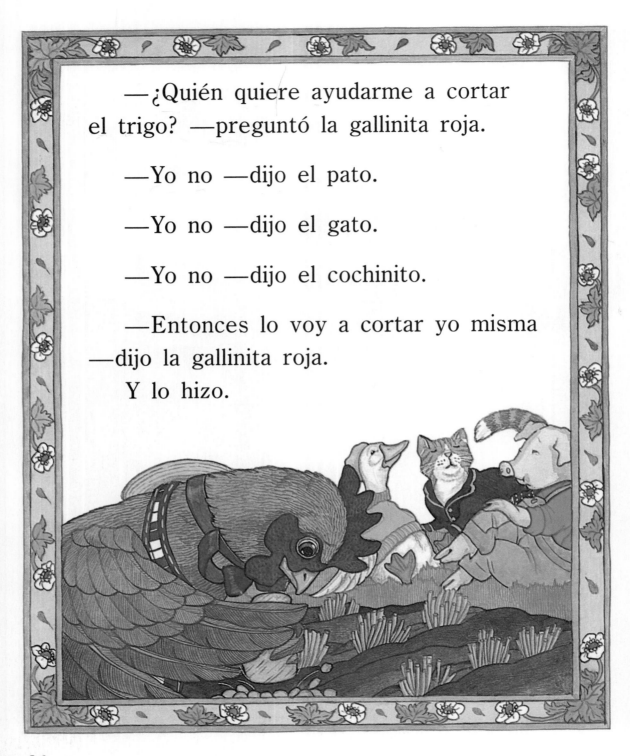

—¿Quién quiere ayudarme a limpiar el trigo? —preguntó la gallinita roja.

—Yo no —dijo el pato.

—Yo no —dijo el gato.

—Yo no —dijo el cochinito.

—Entonces lo voy a limpiar yo misma —dijo la gallinita roja.
Y lo hizo.

—¿Quién quiere ayudarme
a llevar el trigo al molino?
—preguntó la gallinita roja.

—Yo no —dijo el pato.

—Yo no —dijo el gato.

—Yo no —dijo el cochinito.

—Entonces lo voy a
llevar al molino yo misma
—dijo la gallinita roja.
Y lo hizo.

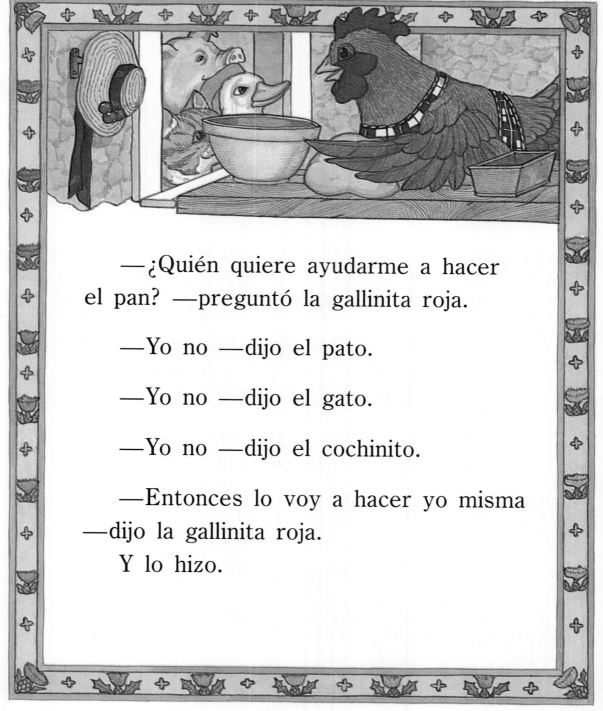

—¿Quién quiere ayudarme a hacer el pan? —preguntó la gallinita roja.

—Yo no —dijo el pato.

—Yo no —dijo el gato.

—Yo no —dijo el cochinito.

—Entonces lo voy a hacer yo misma —dijo la gallinita roja.
Y lo hizo.

—Ahora ¿quién quiere ayudarme a comer el pan? —preguntó la gallinita roja.

—¡Yo sí! —dijo el pato.

—¡Yo sí! —dijo el gato.

—¡Yo sí! —dijo el cochinito.

—No, no —dijo la gallinita roja.

—No me ayudaron a sembrar el trigo.

—No me ayudaron a cortar el trigo.

—No me ayudaron a limpiar el trigo.

—No me ayudaron a llevar el trigo al molino.

—No me ayudaron a hacer el pan.

—Ahora no me pueden ayudar a comer el pan.

—Me lo voy a comer yo misma.

Y lo hizo.

Preguntas de comprensión

1. ¿Quién se come el pan?

2. Di lo que tiene que hacer
   la gallinita roja con el trigo
   para hacer el pan.

3. ¿Ayudan a la gallinita roja el pato,
   el gato y el cochinito?
   ¿Por qué?

Vocabulario

conejo	pato	rana
perro	cochinito	tortuga
oso	gallinita	gato

Mira estas palabras.
¿Qué es lo que nombran?
Habla del que te gusta más.

Muestra cómo creció el trigo

Mira el trigo de la gallinita roja.
El trigo creció y creció.
Haz unos dibujos para enseñar
cómo creció y creció el trigo.

¿De qué se trata?

María quería sembrar unas cosas.

María quería sembrar trigo
para hacer pan.

Quería sembrar un árbol y
lo quería ayudar a crecer.

También quería sembrar lindas rosas.

¿De qué se trata?

1. hacer pan

2. lindas rosas

3. sembrar unas cosas

El Día del Árbol

Jamie Jobb

La gallinita roja sembró trigo.
Sus amigos no la ayudaron.

En México el Día del Árbol
es un día para plantar.
Es un día para plantar árboles
con amigos.

39

Estos amigos van a plantar un árbol.

Van a plantar el árbol

en un agujero grande.

¿Por qué tiene que ser grande

el agujero?

Ahora los amigos van a poner
el árbol en el agujero.
Aquí va a crecer el árbol.

Aquí está el árbol.

¿Cómo pueden ayudar al árbol
a crecer?

Este árbol se va a poner grande
y alto.

También se va a poner muy bonito.

¡Mira estos árboles ahora!
Se plantaron todos estos árboles
en el Día del Árbol.

Pensándolo bien

Preguntas de comprensión

1. ¿Qué pasa en México
   el Día del Árbol?

2. ¿Por qué piensas que a los amigos
   les gusta plantar árboles?

Vocabulario

grande   **alto**   **bonito**

Estas palabras te dicen algo.
Te dicen algo sobre los árboles.
¿Qué otras palabras dicen algo
sobre los árboles?

Haz un dibujo de un árbol

Haz un dibujo de un árbol bonito.
¿Vive un animal en él?
¿Crece en él algo para comer?

¡Qué dicha!

A. L. Jáuregui

No hay dicha mayor,
ni más grande placer,
que sembrar un árbol
y verlo crecer.

46

¿Cuál es el orden?

1

2

3

La gallinita roja dijo: —Voy a cortar el trigo.

La gallinita roja dijo: —Voy a hacer el pan.

La gallinita roja dijo: —Voy a sembrar el trigo.

47

Mamá Osa dijo: —¡Qué sorpresa!

Ricitos de Oro dijo: —¡Qué casa
más bonita!

Papá Oso dijo: —Podemos ir
a comer allá.

El nabo grande

Alexei Tolstoy

El nabo creció y creció
en la tierra.
¿Puede el viejito sacar
el nabo de la tierra?

49

Un día un viejito plantó un nabo.

El nabo creció y creció.

El nabo creció muy,

pero muy grande.

Un día, el viejito quería sacar
el nabo de la tierra.

Tiró y tiró.

Pero no lo pudo sacar de la tierra.

Entonces le pidió ayuda a una viejita.

La viejita tiró del viejito.
El viejito tiró del nabo.

El viejito y la viejita tiraron
y tiraron.

Pero ellos no lo pudieron sacar
de la tierra.

52

Entonces la viejita le pidió ayuda
a una niñita.

La niñita tiró de la viejita.
La viejita tiró del viejito.
El viejito tiró del nabo.

Todos tiraron y tiraron.
Pero ellos no lo pudieron sacar.

Así que la niñita le pidió ayuda
a un perro.

El perro tiró de la niñita.
La niñita tiró de la viejita.
La viejita tiró del viejito.
El viejito tiró del nabo.

Todos tiraron y tiraron.
Pero ellos no lo pudieron sacar.

Así que el perro le pidió ayuda
a un gato.

El gato tiró del perro.
El perro tiró de la niñita.
La niñita tiró de la viejita.
La viejita tiró del viejito.
El viejito tiró del nabo.

Todos tiraron y tiraron.
Pero ellos no lo pudieron sacar.

Así que el gato le pidió ayuda
a un ratón.

El ratón tiró del gato.
El gato tiró del perro.
El perro tiró de la niñita.
La niñita tiró de la viejita.
La viejita tiró del viejito.
El viejito tiró del nabo.

Todos tiraron y tiraron.
Y por fin todos sacaron
el nabo de la tierra.

57

Pensándolo bien

Preguntas de comprensión

1. ¿Puede el viejito sacar el nabo de la tierra?

2. ¿Quiénes ayudan al viejito a sacar el nabo de la tierra?

3. ¿Qué piensas que el viejito va a hacer con el nabo grande ahora?

Vocabulario

gato   niñita

perro   ratón   viejita

El viejito le pidió ayuda a la _____.
La viejita le pidió ayuda a la _____.
La niñita le pidió ayuda al _____.
El perro le pidió ayuda al _____.
El gato le pidió ayuda al _____.

¿Quién puede ayudar al ratón?

El ratón ayudó a sacar el nabo de la tierra.

¿Qué animal puede ayudar al ratón?

¿Piensas que ese animal sería grande o pequeño?

Di cómo ese animal ayudaría al ratón.

Nombres

Estas palabras son nombres de animales que puedes encontrar en un parque.

conejo   **pájaro**   **pato**

Mira el dibujo.
Mira los nombres de los animales.

¿Dónde van los nombres?

1. Un _____ rojo está en un árbol.

2. Un _____ está en el agua.

3. Un _____ está en un agujero.

60

¿Recuerdas?

1. ¿Qué crece en "La gallinita roja"?
   ¿Qué crece en "El Día del Árbol"?
   ¿Qué crece en "El nabo grande"?
   ¿Piensas que Pablo también
   va a crecer?

2. Pablo, la gallinita roja y el viejito
   quieren ayuda.
   ¿Quién ayuda a Pablo a encontrar
   algo para jugar?
   ¿Quién ayuda a la gallinita roja?
   ¿Quiénes ayudan al viejito a sacar
   el nabo de la tierra?

¡Ayuda!

Los amigos de la gallinita roja
no la ayudaron, pero los amigos del viejito
sí lo ayudaron.

¿Quién te ayuda?

¿A quién ayudas tú?

Habla sobre cómo ayudas a un amigo
o a una amiga.

Fiestas

REVISTA

2

Contenido

¿Qué es?

Soy un animal pequeño.

Puedo nadar.

Me gusta saltar muy alto.

66

Margarita dijo: —¡Mira, Eduardo!

—Podemos hacer algo con esta caja.

Eduardo dijo: —Podemos jugar
en esta caja.

—Podemos hacer un agujero para entrar.

Margarita dijo: —También podemos
hacer agujeros para ventanas.

—¡Entonces podemos hacer
una fiesta aquí!

¿Qué van a hacer con la caja?

1. una casa para jugar

2. un mapa

3. un libro

67

Se vende una casa para perro

Donna Lugg Pape

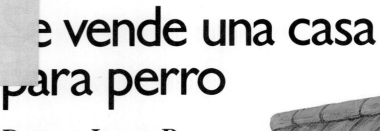

Salero quiere vender
la casa.
Vamos a ver quién va
a vivir en la casa.

68

Un día, Salero miró su casa.

—Ya no quiero esta casa —dijo.

—Se la voy a vender a alguien.

Así que Salero hizo un letrero.

69

Vinieron unos perros a ver la casa.
Pero ninguno la quería.

—No tiene pintura —dijo un perro.

—Entonces voy a pintar mi casa
—dijo Salero.
—La voy a pintar de rojo.
—Entonces alguien la va a comprar.

Salero compró pintura en la tienda.
Salero pintó su casa de rojo.
—¡Qué bonita! —dijo.

Así que Salero hizo un letrero nuevo.

Vinieron unos perros a ver la casa.
Pero ninguno la quería comprar.

Un perro dijo: —Tu casa no tiene
una cama nueva.

—Voy a hacer una cama nueva
para mi casa —dijo Salero.

—Entonces alguien la va a comprar.

Salero regresó a la tienda.
Pronto hizo una cama nueva.

Así que Salero hizo un letrero nuevo.

Vinieron unos perros a ver la casa.
Pero ninguno la quería comprar.

Un perro dijo: —La casa no tiene
una ventana.

—Voy a hacer una ventana
para mi casa —dijo Salero.
—Entonces alguien la va a comprar.

Salero regresó a la tienda.

Pronto Salero hizo una ventana.

Así que Salero hizo un letrero nuevo.

Vinieron unos perros a ver la casa.
Pero ninguno la quería comprar.

—Tu casa no tiene árboles
—dijo un perro.

—Entonces voy a plantar
unos árboles —dijo Salero.

Salero regresó a la tienda
para comprar unos árboles.
Pronto plantó los árboles.

Así que Salero hizo un letrero nuevo.

Vinieron unos perros a ver la casa.
—Me gusta tu casa —dijo un perro.
—Pero no tiene una cerca.

Salero regresó a la tienda
para comprar una cerca.

Pronto regresó a la casa
con la cerca.

Así que Salero hizo un letrero nuevo.

Vinieron unos perros a ver la casa.

—Ésta es una buena casa
—dijo un perro.

—Quiero vivir en esta casa.

Salero miró alrededor de la casa.

Miró la pintura roja.

Miró la ventana.

Miró todos los árboles.

Miró la cerca alrededor de la casa.

—Esta casa ya no se vende
—dijo Salero.

—Yo quiero vivir en esta casa.

Y así lo hizo.

Preguntas de comprensión

1. ¿Quién va a vivir en la casa?
   ¿Por qué quiere vivir en la casa?

2. ¿Qué cosas le hace Salero a la casa?

3. ¿Por qué hace Salero
   letreros nuevos?

Vocabulario

letrero   pintura   cama   árboles
ventana   conejo   cerca

Mira estas palabras.

¿Qué palabras nombran cosas
que puedes encontrar en el dibujo?

Una cosa más, Salero

Salero le hizo unas cosas a su casa.

Piensa sobre una cosa más que
Salero le puede hacer.

Haz un dibujo que muestre
cómo se ve la casa.

Perros

**Tomado de un cuento
de Rosalie García**

¡Perros!
¡Perros, perros!
A los perros les gusta correr.
¡Perros, perros!
A los perros les gusta jugar.
¡Perros, perros!
A los perros les gusta pelear.
¡Perros, perros!
A los perros les gusta corretear gatos.
Colorín colorado,
Este cuento ha terminado.

80

¿Qué es importante?

Ana tiene un nuevo gatito.

José lo quiere ver.

La abuelita de Ana dijo: —Ana quiere a su gatito.

—Su gatito es muy cómico.

—Puedes ver al gatito, pero no lo puedes sacar de la caja.

—No puedes hacer ruido.

—Solamente lo puedes tocar un poco.

81

1. No lo puede sacar de la caja.

2. Ana quiere a su gatito.

3. Solamente lo puede tocar un poco.

4. Su gatito es muy cómico.

5. No puede hacer ruido.

La señora Torres dijo: —Antonio,
aquí puedes encontrar libros
de animales.

—El libro rojo trata de un perro.

—El libro grande trata de un conejo.

—El libro pequeño trata de
una tortuga.

Tú puedes ayudar

Bonnie Brown Walmsley

El cochinito no tiene un lugar donde vivir.

El conejito no tiene un lugar donde vivir.

El cochinito y el conejito necesitan un lugar donde vivir.

La rana y el cuervo también necesitan un lugar donde vivir.

¿Puede vivir aquí el cochinito?

El cochinito no puede vivir aquí.
Este lugar no es bueno
para un cochinito.

¿Puede vivir aquí el conejito?

¡No!
Un conejito no puede vivir aquí.

¿Puede vivir aquí la rana?

Una rana no puede vivir aquí.

¿Puede vivir aquí el cuervo?

Un cuervo no puede vivir aquí.

Busca un buen lugar
para el cochinito.

Busca un buen lugar
para el conejito.

La rana también necesita
un buen lugar para vivir.

¿Dónde puede vivir el cuervo?

¿Encontraste un buen lugar
para los animales?

Preguntas de comprensión

1. ¿Qué lugares encontraste para los animales?

2. ¿Por qué necesitan los animales buenos lugares para vivir?

Vocabulario

cochinito   rana   barco   casa

Dibuja una de estas cosas.

Un lugar para un animal

Escribe el nombre de un animal que te gusta.

Habla sobre un lugar donde ese animal pueda vivir.

¿Dónde van las cosas?

Manuel quiere ayudar a poner
las cosas en su lugar.

Unas cosas
van aquí.

Unas cosas
van aquí.

Unas cosas
van aquí.

¿Qué cosas puedes ver en una calle?

letrero   tigre   casa   escuela

¿Qué cosas puedes ver en una escuela?

maestra   libro   coyote   lápiz

¿Qué cosas puedes ver en el agua?

mapa   barco   pato   rana

¿Qué cosas puedes ver en un parque?

árbol   cama   pájaro   piedra

97

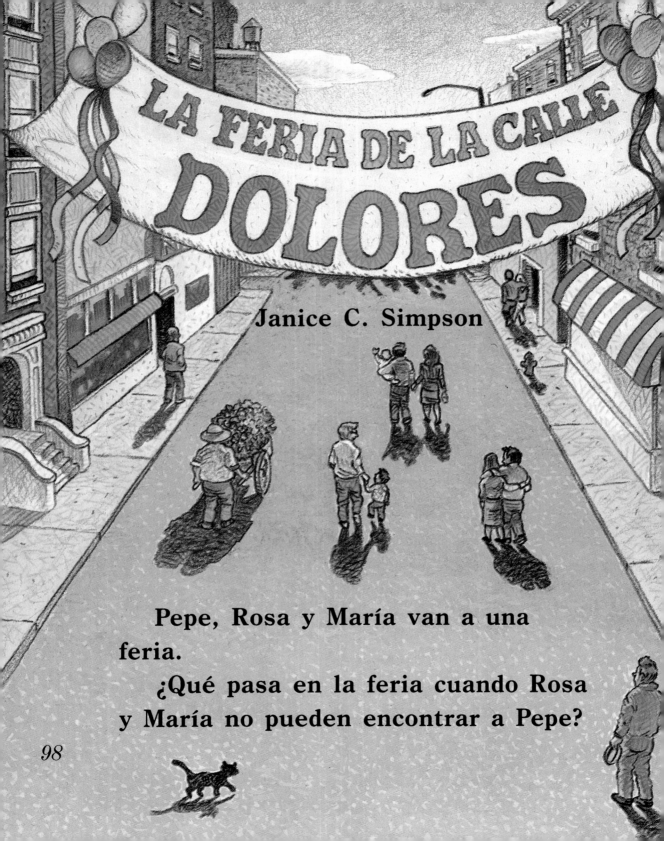

LA FERIA DE LA CALLE DOLORES

Janice C. Simpson

Pepe, Rosa y María van a una feria.

¿Qué pasa en la feria cuando Rosa y María no pueden encontrar a Pepe?

Pepe miró a Rosa entrar en la casa.

—Hola, Pepe —dijo Rosa.

—¿Qué vas a hacer?
—preguntó Pepe.

—María y yo vamos a la feria
de la calle Dolores —dijo Rosa.

—Por favor, ¿puedo ir contigo?
—preguntó Pepe.

—Sí, pero tienes que estar
junto a mí —dijo Rosa.

Rosa y Pepe se encontraron
con María.

Caminaron a la feria juntos.

La calle estaba muy bonita.

Vieron a todos sus amigos.

Oyeron música bonita.

Una viejita tenía panes calentitos
para vender.

—Quiero un pan —dijo Pepe.

—Ahora no —dijo Rosa.

—Vamos a mirar la feria
—dijo María.

Pepe vio unas manzanas.
—Quiero una manzana —dijo Pepe.

Pepe vio a muchos de sus amigos.

Vio a la señora Rojas junto
a unas ollas.

También vio al señor López.

El señor López estaba haciendo
ollas.

—¡Qué ollas más grandes!
—dijo María.

—¡Qué títeres más cómicos!
—dijo Rosa.

—Esta función de títeres es lo
más bonito de la feria —dijo María.

—¿Te gustan los títeres, Pepe?
—preguntó Rosa.
Rosa miró a su alrededor.

—¿Dónde está Pepe?
—preguntó María.

—Pepe no está —dijo Rosa.

Rosa y María buscaron a Pepe
por toda la calle.
Vieron a muchos amigos.
Oyeron mucho ruido.
Pero Pepe no estaba.

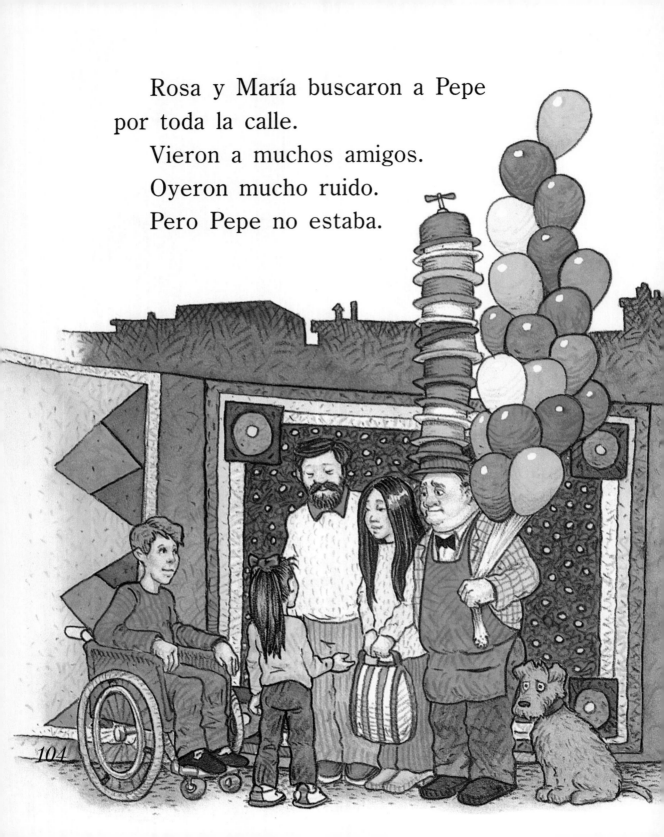

Lo buscaron junto a sus amigos.
Pero Pepe no estaba.

—¿Qué vamos a hacer?
—preguntó Rosa.

—Tienes imaginación —dijo María.
—Por favor, usa tu imaginación.
—¿Dónde puede estar Pepe?

—A Pepe le gusta comer
—dijo Rosa.
—Debe de estar junto a la comida.

Rosa y María buscaron a Pepe
junto a los panes calentitos.
Pero Pepe no estaba.
Lo buscaron junto a las manzanas.
Pero Pepe no estaba.

—A Pepe le gusta la música
—dijo Rosa.

—Debe de estar junto a la música.

Rosa y María lo buscaron
junto a la música.

Pero Pepe no estaba.

—A Pepe le gustan los animales
—dijo Rosa.

—Debe de estar junto
a los animales.

Rosa y María buscaron a Pepe
junto a los animales.
Encontraron muchos animales.
Pero Pepe no estaba.

—¡Tengo miedo! —dijo Rosa.

—¿Qué vamos a hacer?

—Por favor, usa tu imaginación —dijo María.

—Si estás perdida, ¿a dónde vas?

—Si estoy perdida, voy a donde alguien me pueda encontrar —dijo Rosa.

—Ahora sé dónde buscar a Pepe —dijo María.

Rosa y María encontraron a Pepe.

—¡Ay Pepe! —dijo Rosa.

—¿No tenías miedo?
—preguntó María.

—No, no tenía miedo
—dijo Pepe.

Rosa, Pepe y María caminaron
en la feria.

Vieron a todos sus amigos.

Oyeron la música.

Pero lo que más les gustó es que
pudieron ver la función de títeres.

Preguntas de comprensión

1. ¿Qué hacen Rosa y María cuando no pueden encontrar a Pepe?

2. ¿Por qué Rosa y María buscan a Pepe junto a la música?

3. ¿Por qué piensas que Rosa dijo: "Tengo miedo"?

Vocabulario

manzanas

ollas

títeres

animales

pan

¿Qué palabra va con qué dibujo?
Nombra otras cosas que puedes ver
en una feria.

En la feria

¿Te gusta ir a las ferias?
Di lo que te gusta hacer
en las ferias.
Haz un dibujo de una feria.

El juego del pañuelo

Vamos a bailar.
Vamos a patinar.
Vamos a brincar.
Vamos a cantar.
Vamos a volar.

Tú lo puedes hacer

Hoy vas a hacer un dibujo.
Esto es lo que tienes que hacer.

1. Dibuja una niña y un niño.

2. Ellos tienen ojos muy bonitos.
   Dibuja sus ojos.

3. Tienen narices pequeñas.
   Dibuja sus narices.

4. Sus bocas también son pequeñas.
   Dibuja sus bocas.

115

5. Ahora dibuja sus mejillas.
   Sus mejillas son rojas.

6. También necesitan manos.
   ¿Dónde van sus manos?

Cómo hacer títeres

Ann Cox Porter

¿Te gustaría mirar una función de títeres?

Tú y tus amigos pueden tener su propia función de títeres.

Pueden hacer sus propios títeres.

117

Para hacer un títere necesitas
estas cosas.

Puedes usar cosas como éstas
para ponerle ojos, nariz, boca y pelo
a tu títere.

Si quieres, puedes recortar
unas cosas para tu títere.

Para hacer un títere, necesitas hacer estas cosas.

Paso 1:

Recorta tu títere.

¿Qué quieres que sea tu títere?
¿Quieres que sea grande o pequeño?
¿Quieres que sea bonito o cómico?

Paso 2:

Adorna tu títere.

Usa tu imaginación
para ponerle ojos,
nariz, boca y pelo
al títere.

Puedes usar cosas como éstas
para hacer buenos ojos.

Puedes usar cosas como éstas
para hacer buenas narices.

Puedes usar cosas como éstas
para hacer buenas bocas.

Puedes usar cosas como éstas
para hacer buen pelo.

120

Paso 3:

Pon tu títere en un palito.

Puedes hacer un agujero en un vaso de papel.

Ahora el palito puede subir por el agujero.

Tu títere puede subir y bajar.

Si quieres, puedes adornar el vaso de papel.

Ahora tú y tus amigos pueden tener una función de títeres.

Si quieren, pueden usar una caja.

Pueden adornar la caja.

Pueden hacer subir y bajar los títeres.

Pueden usar música para hacer bailar y cantar a los títeres.

Pensándolo bien

Preguntas de comprensión

1. Nombra los pasos para hacer títeres.

2. ¿Qué cosas puedes usar para hacer títeres?

Vocabulario

ojos   nariz   boca
pelo   mejillas   dientes

Haz un dibujo de algo que tenga todas estas cosas.

Una función de títeres

Habla sobre una función de títeres que te gustaría hacer.
¿Qué cuento vas a hacer?
¿Cómo vas a hacer tus títeres?

¿Recuerdas?

1. ¿Cómo hace Salero que su casa
    sea un buen lugar para vivir?
    En "Tú puedes ayudar", los animales
    necesitan buenos lugares para vivir.
    ¿Qué buenos lugares encontraste
    para ellos?

2. ¿Qué cosas se pueden ver y
    se pueden hacer en la feria
    de la calle Dolores?
    ¿Qué cosas tienes que hacer
    para hacer un títere?

Un lugar que me gusta

Haz un dibujo que muestre un lugar
al que te gusta ir.

Di qué te gusta hacer en ese lugar.

Fiestas

Contenido

Cuentos

Lectura informativa

Poemas

Destrezas

Vocabulario

¿Cuál es el orden?

Mira los dibujos.
Piensa en el orden.

Ahora mira las oraciones.
Dicen lo que pasa en los dibujos.
Pon las oraciones en orden.

Clara dijo: —Te voy a enseñar
dónde poner tus cosas.

La señora dijo: —Yo soy
tu nueva maestra, Alfredo.

Paco dijo: —Te puedes sentar aquí.

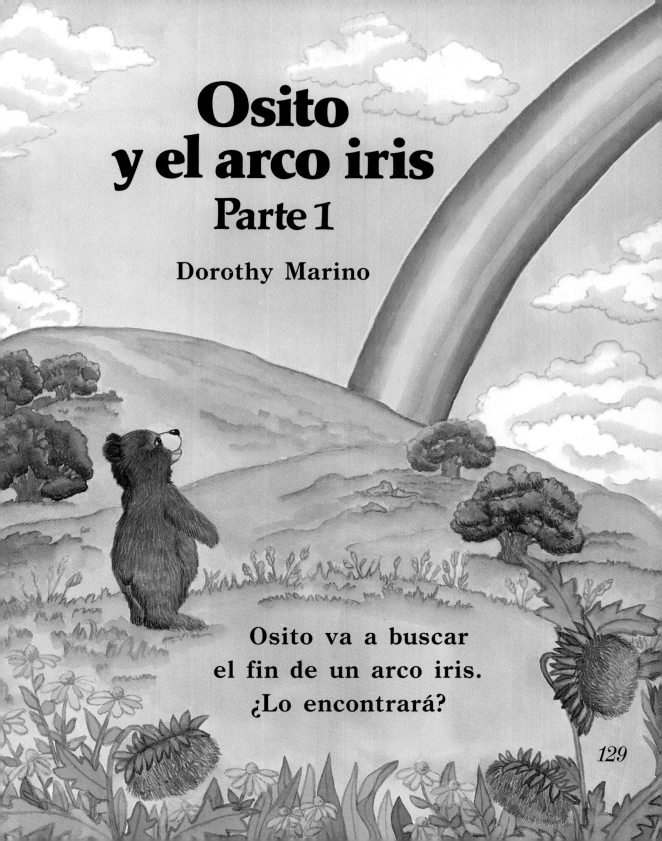

Osito
y el arco iris
Parte 1

Dorothy Marino

Osito va a buscar
el fin de un arco iris.
¿Lo encontrará?

129

Un día llovía y llovía.
Cuando ya no llovía,
Osito pudo jugar.

Pronto Osito estaba cerca
de un árbol.
Junto al árbol había un pájaro.
—Ay, mira —le dijo Osito al pájaro.
—Mira el arco iris allá.

130

—Sí —dijo el pájaro.

—Me dijeron que se puede encontrar oro al fin del arco iris.

Osito corrió hacia su casa.
Mamá Osa y Papá Oso también miraban el arco iris.

Osito llegó a la casa corriendo
para buscar una olla grande.

Osito dijo: —Voy a buscar el oro.

—Eso es un cuento
—dijo Mamá Osa.

—No necesitamos oro
—dijo Papá Oso.

Osito siguió corriendo.
Vio el fin del arco iris
junto a una piedra grande.

Cuando Osito llegó a la piedra,
no vio el arco iris.
Junto a la piedra había una ardilla.

—Estoy buscando el fin del arco iris
—le dijo Osito a la ardilla.

—¿Ves esos árboles que están allí?
—dijo la ardilla.
—Bueno, allí termina el arco iris.

Osito corrió hacia ese lugar.

La ardilla le dijo:
—Si estás buscando el oro,
eso es sólo un cuento.

Osito siguió corriendo.
Cuando llegó a los árboles,
no vio el arco iris.

Junto a los árboles había un conejo.

—Estoy buscando el fin del arco iris
—le dijo Osito al conejo.

—¿Ves ese pasto que está allí? —preguntó el conejo.

—Bueno, allí termina el arco iris.

Osito corrió hacia ese lugar.

El conejo le dijo:
—Si estás buscando el oro, eso es sólo un cuento.

135

Osito siguió corriendo.

Cuando llegó al pasto,
no vio el arco iris.

En el pasto había un puerco espín.

—Estoy buscando el fin del arco iris
—le dijo Osito al puerco espín.

—¿Ves ese árbol grande
que está allí? —dijo el puerco espín.

—Bueno, allí termina el arco iris.

Osito corrió hacia ese lugar.

El puerco espín le dijo:
—Si estás buscando el oro,
eso es sólo un cuento.

Osito siguió corriendo.
Cuando llegó al árbol,
Osito buscó y buscó.
No vio el arco iris.

—¡Esto sí que debe ser el fin
del arco iris! —dijo Osito.

137

Pensándolo bien

Preguntas de comprensión

1. ¿Puede encontrar Osito el fin del arco iris?

2. ¿Por qué piensas que Osito buscó el oro después de que su papá le dijo que no lo necesitaban?

Vocabulario

parque   árbol   pasto   roca   isla

¿Qué palabras nombran los lugares en los que Osito buscó el fin del arco iris?

Dibuja un mapa

Osito va a muchos lugares para encontrar el fin del arco iris.

Dibuja un mapa para mostrar por dónde pasa Osito.

Osito
y el arco iris
Parte 2

Dorothy Marino

Osito está buscando el fin
del arco iris.
Vamos a ver lo que va a
encontrar allá.

Osito subió al árbol.

Había un hueco muy grande
en el árbol.

Osito miró dentro del hueco.

—¡Aquí está! —gritó Osito.
Encontré el oro y me gusta.

Osito puso el oro en la olla grande.
—Ahora me voy a casa —dijo Osito.

—Encontré el oro —le dijo Osito
al puerco espín.

—Espera Osito —dijo el puerco espín.
—¿Es verdad que encontraste el oro?

—Sí, es verdad —dijo Osito.

—Déjame ver —dijo el puerco espín.

Osito siguió corriendo.
El puerco espín se puso a correr
detrás de Osito.

—Encontré el oro —le dijo Osito
al conejo.

—Espera, déjame ver
—dijo el conejo.

Osito siguió corriendo.
El conejo se puso a correr
detrás de Osito y del puerco espín.

—Encontré el oro —le dijo Osito
a la ardilla.

—Espera, déjame ver
—dijo la ardilla.

Osito siguió corriendo.
La ardilla se puso a correr detrás
de Osito, del puerco espín y del conejo.

Todos corrieron a la casa de Osito.
Osito le enseñó la olla a su mamá.

—Mira, mamá —dijo Osito.
—Sí que había oro al fin
del arco iris.

Todos miraron lo que había
dentro de la olla.

—¡Es miel! —gritó Papá Oso.

—¡Osito encontró miel al fin
del arco iris!

Osito le gritó al pájaro que estaba
en el árbol: —¡Mira lo que tengo!

Entonces vinieron todos los amigos
de Osito a comer en su casa.

—Voy a hacer panqueques
para la comida —dijo Mamá Osa.

Todos pusieron miel
en los panqueques.
—¡Mmmm! ¡Qué ricos!
—dijeron todos.

Papá Oso dijo: —No necesitamos
oro de verdad.
—¡El oro que encontró Osito es
mucho más rico!

146

Preguntas de comprensión

1. ¿Qué encontró Osito al fin del arco iris?

2. ¿Qué hizo el puerco espín cuando Osito le dijo que encontró el oro?
   ¿Qué hicieron los otros animales?

3. Papá Oso dijo que el oro que Osito encontró era mucho más rico que el oro de verdad.
   ¿Por qué piensas que lo dijo?

Vocabulario

miel   panqueques   olla

pan   arco iris   manzanas

¿Qué palabras nombran cosas
para comer?

Lo que me gusta comer

Haz un libro que muestre lo que
te gusta comer.

Muestra el libro a tus amigos.

148

El arco iris

Ernesto Galarza

Colores de caracol
arco iris en el cielo
es la bandera del sol.

149

¿Qué es importante?

Mira este cuento.
Piensa en las cosas que
son importantes.

El señor Mercado dijo:
—Rafael, éstas son
tus plantas.
—Para hacerlas crecer,
debes hacer estas cosas.
—Debes ponerlas
en buena tierra.
—Debes ponerlas
en un lugar calentito.
—Les debes poner a las plantas
un poco de agua todos los días.

¿De qué trata el cuento?
¿Qué cosas tiene que hacer Rafael
para hacer crecer sus plantas?

Los colores

Phyllis M. Bourne

¿Te puedes imaginar cómo serían
las cosas sin colores?

Los colores hacen todo más bonito.
¿Puedes encontrar algo amarillo?
Mira el cielo.
El sol está en el cielo.
El sol amarillo brilla muy bonito.
¿Qué otra cosa amarilla
puedes encontrar?

¿Puedes encontrar algo azul?

Mira el pajarito.

El pajarito es azul.

El pajarito azul es muy bonito.

El agua también es azul.

¿Qué otra cosa azul

puedes encontrar?

¿Puedes encontrar algo rojo?
El molino sobre el pasto es rojo.
El barco sobre el agua es rojo.
¿Qué otra cosa roja
puedes encontrar?

Cuando el sol brilla podemos ver
los colores.

¡Mira qué bonitos son todos
los colores!

¡Mira qué bonito es el arco iris
en el cielo sobre los árboles!

¿Qué colores puedes ver?
¿Puedes ver el rojo?
¿Puedes ver el azul?
¿Puedes ver el amarillo?

¡El arco iris tiene muchos colores!

Pensándolo bien

Preguntas de comprensión

1. ¿Qué colores puedes ver
   en la página 156?

2. Cuando el sol brilla, puedes
   ver los colores.
   ¿Los puedes ver en la noche?
   ¿Por qué sí o por qué no?

Vocabulario

rojo   amarillo   azul

¿Qué palabra va con qué dibujo?

Usa los colores

Usa un lápiz para hacer un dibujo.
Di los nombres de los colores
que quieres usar en tu dibujo.
Pide a un amigo que te ayude
a poner los colores a tu dibujo.

Palabras de acción

Tina y Toño corren y saltan.
Tina y Toño también bailan.

Mira estas palabras.
corren   saltan   bailan

Las palabras **corren, saltan** y **bailan**
dicen lo que hacen Tina y Toño.

Tina _____ linda música.

boca   toca

¿Qué palabra dice lo que hace Tina?

Toño _____ un arco iris.

pinta   fiesta

¿Qué palabra dice lo que hace Toño?

¿De qué se trata?

Mira estas oraciones.
Piensa qué oración dice
lo más importante.

Jorge limpia sus animales.
Usa agua.
Usa jabón.
Jorge también usa una esponja.

¿Qué oración dice
lo más importante? ¿Por qué?

1. Jorge también usa una esponja.

2. Jorge limpia sus animales.

3. Usa jabón.

160

Llueve

Asunción Lissón

Mira quién está en la lluvia.
¿Le gusta la lluvia?

Me mojo las mejillas.
Me mojo la barbilla.
Me mojo el cabello.

Bebo el agua.
El agua llega a mi boca.

162

Mamá me llama.
Me lleva al agua.

163

Me lavo con la esponja y el jabón.
Me lavo el cabello con el jabón.

Juego.

¡Tengo jabón en los ojos!
Llamo a mamá.

Mamá me seca el cabello.
Me seca las mejillas.
Me seca la barbilla.

Me lleva junto a ella y me ayuda
a poner el pijama.

La calle va llena de agua,
llena de agua de lluvia.

Llueve.

Preguntas de comprensión

1. ¿Le gustó la lluvia a la niñita? ¿Por qué piensas que sí le gustó o que no le gustó?

2. ¿Cómo la ayudó su mamá?

Vocabulario

jabón   cabello   seca

1. Me mojo el _____.

2. Me lavo con agua y _____.

3. Mamá me _____ el cabello.

Cómo jugar con el agua

Dibuja un lugar donde te gusta jugar con el agua.

Di qué cosas te gusta hacer con el agua.

Vete, lluvia, vete

Ernesto Galarza

Llueve, llueve, llueve
toda la mañana.
Gota, gota, gota
en mi ventana.
Vete, vete, vete
déjame salir.
Vete, lluvia, vete
hasta el mes de abril.

¿Por qué pasó?

Algo va a pasar en el cuento.
Piensa por qué va a pasar.

Gerardo y su papá
querían comer en el parque.
El papá de Gerardo dijo:
—Podemos comer
cerca del agua.
—Así podemos mirar
los patos.

Gerardo dijo: —Primero
vamos a jugar allá.
—Voy a poner el pan
sobre esta piedra.

Cuando Gerardo regresó,
el pan ya no estaba.

¿Por qué ya no estaba el pan?

171

Luz quería ir a ver a Marcos.

Llovía, así que Luz corrió
a la casa de Marcos.

Cuando llegó estaba mojada.

Marcos estaba en el suelo.

Estaba junto al fuego.

Marcos le preguntó:

—¿Te quieres sentar aquí?

Luz se sentó en el suelo
cerca del fuego.

Luz y Marcos hablaron.

Hablaron de la escuela y hablaron
de sus amigos.

Luz ya no estaba mojada.

¿Por qué ya no estaba mojada Luz?

El Fuego del Dragón
Parte 1

Tony Johnston

Gnomo y Topo son sorprendidos
por unas luces y unos ruidos.

¿Qué pueden ser?

Era un día gris.

Había nubes grandes y grises
en el cielo.

A Gnomo y a Topo no les importaba.
Estaban calentitos junto al fuego.

Entonces —¡ZAS!
Una luz muy grande brilló
en el cielo.

175

—¡Ay, qué miedo! —dijo Topo
y saltó.

—¿Qué fue esa luz grande?

Gnomo estaba por hablar algo
cuando —¡CRAC!

Oyeron un ruido muy grande.

Gnomo se puso en el suelo.

Se puso las manos sobre las orejas.

—¡Escóndeme! ¡Escóndeme! —gritó.

Pero Topo no lo podía hacer.

Él también se escondía.

¡ZAS! ¡CRAC!

Topo se sentó sobre Gnomo porque tenía mucho miedo y no podía hacer otra cosa.

Topo gritó: —¡Mi abuelito me habló sobre las luces y los ruidos!

—¿De verdad? —preguntó Gnomo.

—Sí, de verdad —dijo Topo.

¡ZAS! ¡CRAC! ¡ZAS! ¡CRAC!

—¿Y qué te dijo tu abuelo?
—preguntó Gnomo.

—No recuerdo —dijo Topo.

—Recuerda, por favor
—gritó Gnomo.

Topo pensó y pensó.
Pensó en todas las cosas
que le había contado su abuelo.

¡ZAS! ¡CRAC! ¡ZAS!
¡CRAC! ¡CRAC!

Los árboles temblaban.
La casa temblaba.
Topo y Gnomo temblaban
y se abrazaban.

De pronto Topo gritó —¡Ahora sí!

—Y ahora, ¿qué pasa?
—preguntó Gnomo.

—Ahora recuerdo lo que son
las luces y los ruidos —dijo Topo.

—¡Dime! ¡Pronto! —gritó Gnomo.

—¡Son el Fuego del Dragón!
—gritó Topo.

Gnomo se escondió y gritó
—¡No me digas más!

Pero Topo no podía dejar de hablar.

—Un dragón muy grande está
disparando fuego.

—Está disparando fuego
como un cañón grande —dijo.

¡ZAS! ¡CRAC! ¡ZAS!
¡CRAC! ¡CRAC!

El Fuego del Dragón siguió y siguió.

Pensándolo bien

Preguntas de comprensión

1. ¿Qué le dijo Topo a Gnomo que eran las luces y los ruidos?

2. ¿Piensas que lo que Topo recordó era en verdad lo que le dijo su abuelo?

Vocabulario

Si yo recuerdo algo, no lo olvido.
Recordar es lo contrario de **olvidar.**
Di los contrarios de estas palabras.

más   ruido   llena   suelo   verdad

Dibuja el Fuego del Dragón

Haz un dibujo que muestre lo que Topo y Gnomo piensan que es el Fuego del Dragón.

El Fuego del Dragón

Parte 2

Tony Johnston

Topo y Gnomo tienen miedo
del Fuego del Dragón.
¿Cómo los ayudará estar juntos?

Topo y Gnomo se abrazaron
más fuerte.

Entonces se hizo el silencio.

Topo y Gnomo escucharon.

De pronto, oyeron algo.

Oyeron un ruido grande
sobre la casa.

—¡Lluvia! —gritó Topo.

—¡Lluvia! —gritó Gnomo.

Y entonces gritó: —¡Ahora
recuerdo!

—¿Qué es lo que recuerdas?
—preguntó Gnomo.

—Recuerdo que las luces y los ruidos no son el Fuego del Dragón —dijo Topo.

—Las luces son relámpagos.
—Y los ruidos son truenos.
—Vienen cuando llueve.
—Abuelito me habló mucho sobre los relámpagos y los truenos.
—A Abuelito le gustaban.

—Mmmm, a mí no, —dijo Gnomo.

—A mí me dan mucho miedo
—dijo Topo.

—Pero gracias a los truenos
y a los relámpagos, estoy aquí
con mi mejor amigo.

—Y eso me gusta mucho.

—Es verdad —dijo Gnomo y se rió.

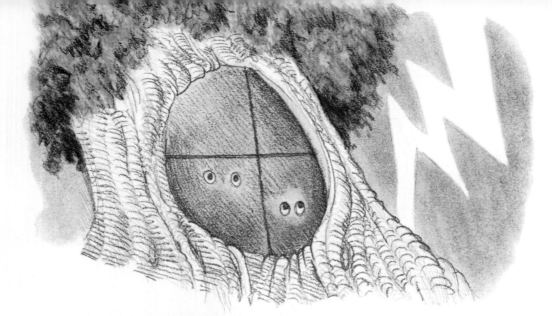

¡ZAS! ¡CRAC!

Vieron otra luz, y escucharon
otro ruido.

Ninguno saltó.

—¿Tienes miedo? —preguntó Topo.

—No —dijo Gnomo.

—¿Y tú?

—No. Las luces y los ruidos no te
dan miedo cuando ya sabes lo que son
—dijo Topo.

—Dime, Topo —dijo Gnomo.

—¿Sí, Gnomo? —preguntó Topo.

—¿De quién fue la idea esa
del dragón? —preguntó Gnomo.

—Fue mi idea —dijo Topo.

—Tienes una imaginación muy buena
—dijo Gnomo.

—Gracias —dijo Topo.

—Pero, por favor, no me hables
más de tus ideas —dijo Gnomo.

—Ah, Gnomo —dijo Topo y se rió.

—Ah, Topo —dijo Gnomo y se rió.

Entonces los dos amigos se sentaron junto al fuego.

Ya no había más relámpagos, y ya no había más truenos.

Y a los dos amigos les gustó mucho el silencio.

Preguntas de comprensión

1. Primero Topo y Gnomo estaban con miedo.
   ¿Cómo los ayudó estar juntos?

2. ¿Qué era el Fuego del Dragón?

3. Topo dijo:"Las luces y los ruidos no te dan miedo cuando sabes lo que son".
   Habla de otras cosas que no te dan miedo cuando sabes lo que son.

Vocabulario

grito   **salto**   **escondio**
temblaban   **abrazaron**

Estas palabras nombran lo que Topo y Gnomo hicieron cuando estaban con miedo.

¿Qué otras palabras nombran lo que la gente hace cuando está con miedo?

¿Con quién me gusta estar?

¿Con quién te gusta estar cuando vienen los truenos y los relámpagos?

Di lo que a ustedes les gusta hacer entonces.

193

¿Recuerdas?

1. Osito vio un arco iris en el cielo.
   ¿Qué había en el cielo en
   "Los colores"?
   En "Llueve", la lluvia caía
   del cielo.
   ¿Qué había en el cielo en
   "El Fuego del Dragón"?

2. Osito quería encontrar algo.
   Topo quería recordar algo.
   ¿Dónde encontró Osito el oro?
   ¿Qué recordó Topo?

Cosas en el cielo

Piensa en todas las cosas
que puedes ver en el cielo.

Haz un dibujo que muestre unas de
esas cosas.

Para ayudarte a leer

Sonidos que conoces

Vocales iniciales

a

e

i

o

u

Vocales finales

 a

 e

 o

Sonidos que conoces

b

c

d

f

g   h<u>o</u>ja   j   l

ll   m   n   p

qu   r   s   t

v   y   z

 gr

 pr

Más sonidos que conoces

___ s   ___ r   ___ z

Sonidos nuevos

c    cr

pl    tr

___

Al encontrar una nueva palabra —

Lee toda la oración en la que está
la palabra.

Piensa qué es lo que dicen
las palabras.

Piensa en los sonidos de las letras.

Continued from page 2.

Credits

Cover and title page illustrated by Margaret Sanfilippo

Illustrators: Willi K. Baum **46**; Jan Brett **26–37**; Cynthia Brodie **129–137, 139–148, 194**; Jane Coats **170**; Anatoly Dverin **49–59**, Rae Ecklund **24–25, 128**; Siegfried E. Gatty **38, 60, 66–67, 79, 160**; Pablo Haz **98–112, 124, 149**; Dora Leder **12–21, 23, 61**; John Littleboy **84–95, 157**; Patrick Maloney **114, 151–156, 195**; Terra Muzick**196–198**; Jane Oka **158–159**; June Otani **81–83, 115–116**; Judy Sakaguchi **10–11, 96–97, 150**; Roni Shepherd **80, 113, 161–169, 171–173**; Philip Smith **47–48**; Derek Steele **68–78**; Cyndy Szekeres **174–182, 184–193**

Photographers: Joe Locke **117–123**; Janice Sheldon **39–45, 62**